기억記憶의 저 쪽

기억記憶의 저 쪽

소기용 시집

가을의 강변, 소기용 作

신아출판사

해바라기, 소기용 作

시인의 말

  80평생 처음으로 시집 하나 내면서 무슨 변이 있을까마는, 왜 시를 가까이 하고 쓰는지는 밝히는 게 독자에 대한 예의가 아닐까 싶어 몇 자 적는다.

  "시를 읽고 쓴다는 것이 나를 성취해 가는 실존의 획득, 즉, 나를 실현하는 것 외에 아무 것도 아니다"라는 거창한 말 이전에, 시를 감상하고 쓰는 작업이, 우리가 일상日常에 매몰되어 나태해지고 매너리즘에 빠져 흐리멍텅한 정신 상태가 되었을 때, 시詩가 우리의 머릿 속을 간추려 세워주고 맑히우는, 그래서 삶의 의욕을 북돋우고 일깨워 주며 잔잔한 감동과 행복감도 준다는 점이다.

  또한, 출중한 수 많은 시인들의 시를 감상하고 공명共鳴하며 행복감을 느끼고, 또한 쓰는 작업을 하면서 나의 실존實存을 찾는데도 이 만큼 안성맞춤인 것이 없다는 생각이 들어, 다른 일을 하면서도 나는 자주 시를 생각하게 된다.

  시詩가 있는 세상이어서 참 좋다.

2024년 가을
소기용

차례

| 시인의 말 |　· 03

제1부

새 봄　· 15
4월　· 16
고향　· 17
봄과 그리움　· 18
그대 떠난 자리　· 20
백설白雪　· 21
겨울나무　· 22
언어言語　· 23
가을에　· 24
겨울의 서정　· 25
사십구재四十九齋　· 26
그대는　· 27
오월의 모란　· 28
남미의 얼음장수　· 30
사부곡思父曲　· 32

제2부

일월의 강	· 37
그랜드 캐니언	· 38
가을 날의 단상斷想	· 40
성묘	· 41
숲속에서 1	· 42
숲속에서 2	· 44
설원雪原 위의 하얀 집을 보며	· 45
친구의 유택幽宅	· 46
외로움이라는 친구	· 48
콘도르(Condor)	· 49
찔레꽃	· 50
봉선등의 사계四季	· 52
도솔암	· 54
상상想像	· 55
우주宇宙와 인간	· 56

제3부

파도	• 61
세월 앞에서	• 62
삶	• 64
어머니와의 별리別離	• 65
바다와 육지	• 68
섬진강	• 68
산행	• 70
우물 안 개구리	• 72
친구를 보내며	• 73
배롱나무	• 74
고향의 봄	• 75
암세포	• 76
아침 산책	• 77
기억의 저쪽(유년의 추억)	• 78
맨발걷기	• 80

제4부

망초꽃	• 85
문상問喪	• 86
민들레	• 87
어머니와 아들	• 88
생각해 보기	• 90
꿈	• 91
푸른 행성 지구	• 92
고인돌과 돌담	• 94
세월과 인연因緣	• 95
강과 바다	• 96
친구의 귀가歸家	• 97
옥수수 개떡	• 98
병상病床에서	• 100
죽는다는 것	• 102
헬레나	• 104

제5부

가을 스케치	• 107
포플러	• 108
철새	• 110
세상에서 가장 그리운 이름 어머니	• 111
윤회輪廻	• 112
당산나무	• 114
전화	• 115
성남이 성兄님	• 116
둔산공원	• 118
소나무	• 121
자유	• 122
봄을 기다리며	• 123
사랑과 사랑하다	• 124
행복 – 어머니 생각	• 125

평설

절절한 정한을 극복하고 정밀靜謐에 다다른 서정시
– 소기용 시인의 시는 서사와 서정이 융합하는 서정시의 절형이다

소재호 (시인, 문학평론가, 전 전북예총회장) • 129

제주의 봄, 소기용 作

제1부

새 봄

지난 봄 꽃구름, 아직도 선연한데
또다시 봄이라고 떠들썩 꽃놀이
꽃이 피고 지는 계절은
아무리 많이 지나고 쌓여도
모두 순간인 것
한 생의 봄, 지난 수십 번의 꽃잔치는
아득한 기억의 저편에 누워
또 다른 새봄을 기다리고
망각의 늪으로 사라지는 것
우린 이렇게 언제나 새 봄만이 봄인 것

기억을 담는 우리 육신도
자연이라는 신이 주신 염기서열에 따라
순간 순간을 이어가다가
순간에서 영원으로 회귀하고 마는 것
언제 무엇으로 다시 순간에 들어올 지는
아무도 모르는 것
그리 될 가능성도 아주 희박한 것

4월

사월이 불러온 화신花神
겨우내 잠들었던 땅 속에서, 땅 위에서
저 만큼에서 오고 계실 새 신부를 기다리며
설한풍 무릅쓰고 은밀하게 아주 은밀하게
꽃눈 만들고 잎눈 만들어
훈풍이 부는 꽃구름 세상
햇볕이 찬란한 초록의 세상
모두가 빨주노초파남보 깃발 들고 만세 부르는
신나는 세상, 아름다운 세상
사월은 가고 있다

봄과 그리움

70년대 가난과 인정의 도시 목포
꾸불꾸불 담벼락 길, 좁아서 정겹던 죽교동 달동네
그 오르막 골목에도 슬그머니 찾아온 새봄

근교近郊엔 흰물결 춤추는 바닷가
샛노란 유채꽃이 서러웠던 그 봄
지금도 내 가슴에 남아 있네 그리움으로

고향

화사한 봄꽃들 떠난 지 오래
뭉게구름 드높은 여름의 문턱
고속도로 둔덕에는 지금 한창
금계국 굽이굽이 여울지고 있었다

그냥 목메이고 향수 어린 언어들
차창으로 흩날리면
저리 노오란 꽃망울이 되는 것인가
갈수록 아득해지는 그리움
그 노오란 음율로 하늘 한 쪽을 터뜨리는
어디선가 뻐국이 울음

먼 기억의 언덕에
우리의 유년을 놓고 떠나오면
벌써 만나는 건, 황량한 먼지세상
잔인한 고속도로 뚫리고
우리들 낯선 타향에 내몰려

서러운 이방인이 된다
문득 두려움이 눈시울에 닿는다
따라오다 따라오다 넘어지고 마는

그대 떠난 자리

그대 놀다간 자리
지금도 비어 있어요
새끼 기르던 새 둥지 비어 있듯이
그대 살던 둥지도 텅 비었어요

그대 살던 방, 창문은 굳게 닫혀 있지만
밤이면 여전히 별들이 찾아와 노닐다 가고
낮이면 햇님과 바람이 쉬었다 가지요
그대 앉아 쉬던 나무 밑 벤취엔
먼 산 뻐국새 소리도 앉았다 가고요
고요와 정적靜寂이란 놈들은 늘 찾아와요
그대 거닐던 그 오솔길엔
그리움이란 놈이 늘상 따라 다니고
그리고, 자취 없는 그대 자취가
낙엽이 되어 깔려 있어요

백설白雪

눈이 내리네요
천지 자욱히 사륵사륵 꿈속처럼 내리네요
이 세상 모나고 위험한 것, 더러운 것, 눈을 어지럽히는 현란한 색깔들 모두모두
순백의 이불로 두텁게 두텁게 덮어버렸으면
그리고 정적靜寂 속에 포근한 평화만 있었으면

내 유년幼年의 기억처럼
하얀 세계의 설레임만 있었으면

겨울나무

여윈 손 내리지 못해
허공만 휘젓고 있다
대지에 냉기 스며
찬바람에 별빛 흔들려도
언 땅 속 쥐고 있는 발부리로
흙을 헤집어 흙 알갱이 분해하고
목숨의 근원 물 찾아
은밀하게 꽃눈 예비하고 있는 것이니

살아 있음의 몸짓
태초의 침묵으로 계절을 흔들며
대지를 움켜쥐고 서서
허공에 존재를 세운다
안으로 안으로는 생동하는 봄을 익혀
꿈꾸는 생명의 일렁임
온 숲에 파다하였다

언어言語

오랫동안 주어 모은 생각의 찌꺼기
아무리 마음의 정수精髓를 끌어낸다 해도
그저 공허하기만 한 티끌 무더기
온갖 교만驕慢과 오만傲慢, 자기 과시의 패션
가식假飾과 편견偏見, 변명의 수단이요
본심을 왜곡하는 가면 같은 것

다 버린다면 동물처럼 본연의 순수함인데
언어로 온갖 치장을 하고
남을 찍어내는 도끼가 되기도 하는 것

그러나 언어란 인간에게는 소통의 수단이요
생각과 지식의 저축은행
문명과 문화를 꽃 피우는 강력한 인간만의 도구
바르고 겸손하게 나를 키워가는 언어로 살았으면

가을에

해마다 시월 이맘 때
서늘한 가을바람 불면
꽃 피지도 못한 나이 열일곱살
심 판막증으로 세상을 떠난 제자가
텅 빈 교정을 찾아온다
이승에 남았으면 불혹不惑의 나이는 되었을 그가
앳되고 해맑은 얼굴 그대로
봉선등을 힘겹게 올라 가방을 내려놓고
운동장 가 스탠드에 앉아 망연한 얼굴로
히말라야시다 나무숲 사이로 금당산 가을 햇살
그 청량한 눈부심을 보며
교정校庭에 널부러진 시간의 조각들
유명幽冥의 그늘에는 없을
희비애락喜悲哀樂의 곱디고운 색깔들을
실눈 뜨고 앉아서 더듬어 보고 있다
깊어가는 계절, 은사시나무 잎사귀만 무수히
바람에 날린다

겨울의 서정

잎 떨구고 빈 하늘만 채질하는 나뭇가지
여윈 손 내리지 못하고 흔드는 것 같아 애틋하다
찬바람이 겨울하늘을 휩쓸어 가고
투명한 햇살 보도 위 낙엽에서 눈부시다

나뭇가지 끝 하늘을 날으는 한 무리의 철새
횡으로 대열을 맞추며 하늘 바다를 건너
따스한 체온 나누며 쉴 곳을 찾아 어드메로 가는 건지
흘러간 모든 것들이 그리워지는 계절에

사십구재 四十九齋

구천九天을 헤매시던 어머니
서방정토 길 떠나시던 날
봄볕 폭포되어 천지에 미만한데
그림자처럼 서서 작별하시는 아버지

명부전冥府殿 독경소리 사방으로 흩어지고
종각鐘閣의 범종소리 지층을 울리는데
옥양목 치마 저고리 흰 고무신 한 켤레
검은 연기 불티 되어 허공에 흩어지네

머나먼 서방정토 물 맑은 산천
서리서리 들꽃 피는 선산발치 하늘 가
고이고이 잠드소서 안식하소서
경모敬慕하는 내 어머니, 어머니

그대는

그대는
봄비 내리는 포도鋪道 위에 흩어진 꽃잎이었고
일렁이는 숲 속의 짙은 음영이었고
황금들판을 스치우는 바람이었고
설원을 아득히 지우며 오는 눈보라였고

그대는
기억의 저 편 언덕에 피는 라일락 향기였고
아득한 꿈결 속에서도 목매이는 그리움이었습니다

오월의 모란

푸른 오월 햇볕 쏟아지는 광장에
뜨거운 함성이 드높던 날
봉선등 화원엔 모란이 피었습니다
설한풍에 홀로 서서 꽃눈을 만들더니
마침내 핏빛 꽃잎을 열었습니다

거리엔 자욱한 안개
하얀 포 덮어도 덮어도 배어 나오는
붉은 핏빛 향기
오월을 끌어다 놓고 꽃은 피는 것이니
본래 설원에서 눈발 털며
환하게 모란꽃은 오는 것입니다

사람들 모두 떠나고
금남로 보도블럭에 핀 자줏빛 모란
그 빛 노을까지 삭아
꿈결에서나 들려오던 오월의 노래도
이제 잊혀져 여운만 남았습니다

그러나 선죽교 돌팍에 새긴
그 꽃무늬의 숨결처럼
어둔 세상 머언 기억 속에서
모란은 해마다 다시 피어나고
거리마다 그 향기 남아 있을 줄이야

꽃이 진다고 그냥 시드는 건 아닙니다
역사의 갈피에 숨결로 스미여
우련히 먼동처럼 그 시대를 밝혀주고
붉은 모란은 또 다시
거리거리마다 피어나는 것입니다

남미의 얼음장수

남미 안데스 산맥의 시작 침보라산
수수만년 전부터 다져진 얼음설산
해발 수천 미터 구름 위로 치솟아
그 위용을 자랑하는 수직의 빙벽설산

21세기 과학기술로 못할 것 없는 세상
침보라산 비탈진 언덕 아랫마을에는
거대한 침보라산 빙벽을 파먹고 사는
3대째 가업으로 이어온 천연 얼음장수가 있다

몇 만년 전 꽁꽁 얼어 다져진 순수의 물
곡괭이 한자루로 산 허리를 찍으면
피도 안나고 드러나는 투명한 속살
11세기에 갇혀 21세기에 잠을 깬 얼음

추운 곳에 서식하는 길고 질긴 풀로
곡괭이로 찍은 얼음 덩어리 묶어

나귀등에 덩어리 싣고 10여 km
리오밤바 읍내 얼음 음료가게는 단골

아주 먼먼 물의 역사, 물의 전설은
아이들의 얼음과자가 되고
맛있는 21세기의 음료가 된다

사부곡思父曲

　우리 아버지 살아 계신다면 백 열여섯 살
　돌아가시던 해, 자꾸자꾸 반복어법을 쓰시던 말씀
　짜증이 나 불쑥불쑥 말씀을 무찌르는 말댓구로
　황량한 벌판 같은 가슴에 외로움만 더해 드린 불효자식

　역사가 나라와 민족을 외면했던 시절 그 칼날 위를 걸으시며
　가족들을 주리지 않게 당신 몸은 돌보지도 않이
　일제 때 그 수탈로 인한 가난, 그 멸시 횡포 다 받아내시면서도
　저녁이면 따뜻한 온기를 사랑으로 나누어 주시던 아버지

　동족상잔의 비극 6·25, 지리산의 공비共匪
　밤과 낮 세상이 바뀌는 생사를 알 수 없는 암흑천지에서도

가난 속에 협박과 수탈收奪 그 굴레를 수 없이 견디면서
오로지 가족의 안위에 밤잠을 설치시던 아버지
살갑고 따뜻하게 대해드리지 못한 불효가
30년이 넘게 내 가슴을 찌르고 있을 줄이야

겨울 나그네, 소기용 作

제2부

일월의 강

들꽃 피는 가을의 들녘에는
꿈결 같은 세월의 조각들이 흩어져
코발트빛 하늘 언저리 영상처럼
회상의 날개들이 어른거린다

먼 기억의 언덕을 비추던 가을햇살
천지에 가득한 강물이 되고
그 빛과 고요 속에 나는 서 있다

청정의 푸른 하늘, 그 모퉁이 어딘가에
나의 빛 바랜 시간들이 누워 있고
고향의 청라언덕 파랭이꽃
그 아름답던 구릉丘陵도 무너져
깊디깊은 늪이 되어버렸다

이 가을에
황금빛 들녘에 서서 나는
쉬임 없이 흐르는 일월의 강을 바라보며
한 마리 상념想念의 새가 된다.

그랜드 캐니언

억만년 태초의 드넓은 평원에
실뱀 같은 코로라도 강江
60만년 지층을 깎고 또 깎아
이렇게 장엄한 골짜기 되었나니
기이한 형상과 색깔로
지구의 주름살이 되고 그 안에
온갖 생명도 품었나니
무한한 우주 억겁의 세월이 못 할 게 무언가

그 앞에 마주하면
살아 있는 모든 것 한 낱 먼지인 것을
인간의 애욕과 생명이 무슨 대순가

천 길 골짜기에 내려서니 첩첩한 산중
그 모퉁이 어딘가에
부싯돌로 청태靑苔에 불 피우던
원시 부족들의 목울음 소리 묻어나고

하늘의 태양과 바람, 땅과 나무를 섬기던 인디언
말 달리며 내지르는 괴성이 들려오는 듯

저 만큼 절벽 아래 밑바닥을 핥고 있는 콜로라도
지금도 푸른 눈 번뜩이며 구비쳐 흐르고 있다

가을 날의 단상斷想

작은 들꽃에 머무는 햇살과
물살처럼 흐르는 투명한 바람
황금들판 높푸른 하늘 언저리
경이로운 빛이 흔들거릴 때면
나는 나의 남루襤褸한 영혼과 마주한다

헤어날 수 없는 시간의 늪
그 수렁에서 허우적 대는 육신肉身
그 주체스런 몸뚱아리 짊어지고
허위허위 땅만 보며 걸어온
가련한 나와 마주한다

한 해, 한 절기를 마무리하는 계절
내 한 생의 항해도 닻을 내리면
생몰 연대와 이름 석자 나의 묘비명을 보며
지나온 날 되뇌이며 망연히 누워 있을
고독한 내 영혼을 만난다

성묘

할머니를 뵈오려고 선산발치 찾았더니
들꽃들만 지천으로 피어 있었지

명주 마포 렴殮으로 입관하던 날
고모들의 건성 호곡號哭 나팔처럼 힘차서
조객弔客들의 잔치상은 흥겨웠었지

꽃상여 앞 만장깃발 드높이 줄을 서고
상둣군의 구슬픈 선창에 가마군 후렴 합창
뒤로는 아들 딸 손자 손녀 전송 행렬 길었었지

세월 가고 선산발치 이장移葬하던 날
흙에 섞인 할머니 손 추스르면서
할머니 18번 회심곡 한 자락을 불러드렸지

숲속에서 1

바다 밑처럼 고요하다
온갖 소음 녹색의 그늘에 잠겨 아득한 정적靜寂
가끔씩 정화된 감성의 흔들림으로
일렁이는 숲의 몸짓이 있을 뿐

나무들
깊은 숨소리의 내면으로 자꾸
허리에 나이테를 두르며
정오正午를 뽑아 올리는
순수 의지의 빛깔들
하늘에서 지상까지 명상과 침묵으로만 여미어
푸른 숲의 이야기는 이룩되는 것

모든 게 엎드려 있는 겨울
삭풍이 훑고 간 뒷자리에서도
언제나 숲 속엔 빽빽한 신념의 푯대들
제 자리에 그냥 그렇게 머물되
그건 하늘 향하는 경배敬拜의 몸짓인 것을

침침한 겨울 숲을
햇살이 비집고 들어와
한 시대의 온기를 다시 얹으면
깊은 잠 속에서도 은밀하게 봄을 예비하며
숲은 다시 푸르른 혁명을 꿈꾸는 것이다
저 만큼 미래를 내다보는 프르른 눈, 눈, 눈

숲속에서 2

안개에 잠긴 숲속을 걷는다
꿈속 같은 고요, 풋풋한 숨결
실바람에도 일렁이는 나무들
늦잠 자던 이름 모를 새들
인기척에 놀라 푸드득 숲의 적막을 흔들며
청청한 울음으로 숲을 깨운다

안개 걷히면 작열하는 태양
수 많은 잎새와 푸르름을 키워내고
짙은 숲 그늘은 온갖 생명의 쉼터가 된다

숲에 어둠이 내리면, 숨쉬는 정적
숲은 잠들어도 잠자지 않고
은밀한 몸짓과 비밀한 숨결로
빛을 기다리며 미래를 예비한다

설원雪原 위의 하얀 집을 보며

　이 세상 아프게 하는 모나고 날카로운 파편들
　이 세상 더럽히고 혼탁하게 오염물질과 쓰레기들
　이 세상 현혹하고 혼란을 주는 온갖 비방이나 기레기들
　이 세상 어지럽히는 현란하고 황홀한 온갖 색깔들
　이 푸른 지구를 점점 나락奈落으로 빠뜨리는 인본주의와 과학과 문명까지도
　이 순백의 두꺼운 이불로 영원히 다 덮어버렸으면
　좋겠다, 그래서
　이 순백의 정적靜寂 속에 조용히 평화만 내려 앉았으면
　설원 속의 외딴집처럼 인정 넘치는 따스함만 있었으면
　흰 눈 속에 몸을 묻고 외로이 서서 여윈 손을 들고
　새 봄을 기다리는 나무들처럼
　인내와 희망의 순백이 되었으면
　참 좋겠다

친구의 유택幽宅

먼저 떠난 친구의 무덤을 찾았다
이승의 언덕을 넘어서면
파아란 잔디밭 흰 구름
허위허위 80성상을 달려가
고작 이곳 산등성이 다달아
단 한 평의 풀밭이 되었는가

모든 주검들
한 생의 황량한 벌판을 달리다가
마지막 잔인한 고비를 넘고서야
겨우 여기 자유와 평화의 마을에 다다르고
피곤한 육신 누일 수 있었단 말인가

수 많은 절기 놓아 두고
입추立秋 무렵 계절을 깨우듯
한바탕 울어 제끼는 건넌 숲 매미소리

그 줄기찬 음절들만
이 정적靜寂의 광장에 뿌려지고 있었다

친구여, 잘자라

외로움이라는 친구

누구나 무엇이나 외로움이라는 친구가 없는 이는
없을 것

하늘에 떠 있는 구름 한 조각도
새벽길 비추는 달님도
설악산 공룡능선 이름 난 기암괴석도
산 능선을 가로지르는 고압선 철탑도
밤 새 철석이는 저 파도도
심야까지 거리를 밝히며 서 있는 가로등도
울울창창 숲속의 한 그루 나무도
어디론가 날아가는 저 이름 모를 새도
홀로 길을 걷는 여느 사람도
홀로 어둠을 뚫고 먼 길을 달리는 저 기차도
홀로 밭을 가는 저 농부도
병상에서 홀로 병마와 맞닥뜨린 환자도
가까운 사람을 먼저 떠나보낸 사람도
다 외로움이라는 친구와 같이 하는 것

콘도르(Condor)

  남미 대륙의 척추 안데스 산맥
  고독을 먹고 산다는 큰 새 콘도르
  사람이 죽으면 그 영혼을 하늘까지 인도한다는 새 콘도르
  상승기류를 타고 창공을 선회하며
  콜카계곡 깊은 곳, 작은 움직임까지도 감시한다
  뜨개질 하다 풀어 놓은 실타래 같은 길을
  개미 만큼 작은 인간들이 지나가고
  그 계곡 밑바닥을 핥으며 흐르는 탁류濁流
  먼 옛날 이곳 안데스에서 살았다는 잉카인들
  그들의 영혼도 모두 콘도르가 하늘까지 안내했을까

찔레꽃

청보리 풀데죽*
목숨 휘어드는 오후 한나절
성황당 고개마루
꿈결 같은 뻐국새 울음 하얗게 이고
지천으로 핀 눈 시린 찔레꽃
진한 향기 바람에 흩날리면
어디선가 졸음에서 깬 낮꿩이 울고
마을 어귀 누렁소의 울음 소리가
뙤약볕에 콩밭 매는 아낙네
땀에 절은 삼베등결을 타고 넘는다
입 하나 덜려고 읍내로 식모살이 간 딸 생각에
호미질도 건성이다

하얀 찔레꽃 지고
그 향기 여운만 남아
긴 긴 해 보릿고개 넘어
서산마루에 가을이 오면

황금들녘 여울지는 계절이 어서 오고

식모살이 간 어린 딸

성황당 고개 넘어 달려 오려나

* 풀데죽 : 미처 다 여물지도 않은 곡식을 갈아 묽게 끓인 죽

봉선등의 사계四季

봉선등 언덕에 봄이 왔어요
개나리 목련 벚꽃 골단초 모란 철쭉 능수화…
연달아 줄지어 피어나는 화원花園이에요
어느새 연둣빛 잎새 사이 훈풍이 불고
그리운 얼굴들 떠나버린 동산엔
꽃과 나무들만 오롯이 하늘 받으며
정적靜寂을 지키고 있네요

여름이면 울울한 녹음과 정정한 숲
아름드리 히말라야시다 나무 사이로 뭉게구름 흘러가고
하늘을 덮는 거대한 포풀러 나무의 짙은 움영陰影
그리고 나무 그늘 아래 뿌려지는 우렁찬 매미소리

가을이 오면 오솔길과 벤취를 덮는 노오란 은행잎
선연한 물감으로 물들여진 오색 단풍과
낮에도 우는 소쩍새와 하늬바람

하이얀 겨울, 눈을 이고 있는 나무들
숲속의 작은 새들, 그 따스한 체온의 온기로
숲을 지키며 무얼 찾아 있는지

도솔암

선운산 도솔암 핏빛 단풍

깎아지른 암벽 마애불 노송 老松

석벽 위 깊은 숲속 내원궁 108계단

산봉우리 높은 하늘 흐르는 먼 구름

상상想像

일억년 후 우리들은 무엇으로 남아 있을까
은하계의 변두리인 태양계
지구地球라는 조그만 행성에서
질량불변(질량보존)의 법칙에 따라 무언가로 남아
아름다운 지구 푸른 색의 일부가 될 수 있는 걸까

영혼靈魂은 어떨까
셀 수도 없는 수 많은 영혼들과 함께 존재하고 있는 걸까
모든 게 무상無常이라 했으니
영혼조차도 변화를 거듭해야 하지 않을까
영혼도 언젠가는 늙고 죽기도 하는 걸까
아니면 사람이 만든 것, 만들어진 신神일까
정말 궁금하다

우주宇宙와 인간

조악粗惡한 인간의 생각으로
우주를 다 헤아릴 수 있을까
무얼 자꾸 만들기 좋아하고
부수기를 더 좋아하는 인간들
이 우주도 누가 금방 뚝딱 만들었을 거라 생각한다
인간보다 엄청난 능력을 가진 전지전능한 신神이
며칠만에 다 만들고 피곤해 하루 쉬고
또 인간이 하듯 주관하고 경영하신다고
그리고 인간은 그 분의 아들임으로 경영권을 갖고
만물을 다스리고 이용하는 거라고
그러나 스스로 만물의 영장이라는 인간은
조금 발달한 지능, 과학과 문명이라는 도구로
이기적 유전자가 역사를 거듭하며
지구를 파헤치고 지구와 대기를 오염시켜
푸른 별 지구를 붉은 별로 만들어 가고 있는 중
자기 스스로의 목을 조이고 있는 중

갈수록 생명의 요람인 지구를 치료하는 일은 난제難題가 되고

인간의 불행은 고독孤獨할 줄 모르는 데서 오고야 말 것.

심산유곡, 소기용 作

제3부

파도

마음 놓고 울어보지도 못한 이를 위하여
푸른 등 곧추 세워 쉬임 없이 달려와
거친 바위에 몸 부리며 통곡하는 파도

세월 앞에서

강은 그냥 누워만 있는 게 아니다
강은 또 엎드려 흐르고 있는 것만도 아니다.
꽃잎 풀입 산 그리매, 강물이 강바닥을 더듬는
소리까지도
다 데불고 간다

세월은 이름일 뿐 소리도 형체도 없이
세상 모든 걸 쉬임 없이 바꾸고 강물처럼
모든 걸 흘려 보낸다 데불고 간다
영원의 바다로

우리 유한자有限者들의 흔적은
결국 한 조각 숨결로만 머물다가
세월의 강에 배를 띄우고 흘러흘러 갈 뿐
기약이 없다

세월은 또한 그렇게 버티고 서서
천재일우千載一遇, 어렵게 찾아온 생명들을 맞아들여
순간 순간을 누리게 하다가
시작도 끝도 없이 또 그렇게 데불고 간다

삶

삶에 대한 축복이 죽음이라는 말
이것은 역설逆說이 아닌 순리順理
이것은 시간을 긍정肯定하는 것이고
시간의 흐름을 사랑하는 것
그리고 삶을 사랑하는 것
저만치 죽음이 기다리고 있기에
삶은 빛나고 값지고 흥미롭고 늘 새로운 것
수수만년 원하는 대로 살 수 있다면
그건 삶에 대한 저주詛呪가 아닐까

어머니와의 별리別離

단풍잎 곱게 물들던 그 해 가을부터
심부전증 악화로 휘청이시던 어머니
겨울이 깊어가고 해가 바뀌는 이듬해 정월
급한 숨 한 번 없이 주무시듯 떠나셨다
음울한 겨울, 잿빛 하늘이 온 누리를 덮어
천지는 백야처럼 침침했었다
천붕天崩이라 했던가
내 마음 속 오랜 통곡은 슬픔 넘어 아픔이었다
목 메이는 그리움이었다

바다와 육지

  바다와 육지는 서로가 그리워하며 떨어져 사는 부부 같다
  바다는 육지에게 쉬임 없는 스킨쉽으로 사랑을 보내고
  육지는 늘 바다에 안겨 바다의 입술에 입맞춘다
  육지는 강물에 온갖 유기물과 영양소를 실어 보내 바다의 품안에서 온갖 생명들을 길러내고
  바다는 육지에 눈과 비와 바람을 보내 여러 생명을 낳아 기른다
  바다와 육지가 길러낸 생명체들은 눈으로 볼 수 없는 작은 것부터 한 눈에 볼 수 없을 정도로 큰 것, 형형색색 동動 부동不動 등 헤아릴 수 없이 많은 것들이 서로 돕고 공생하며 번식함으로, 푸른 지구를 가꾸어 간다
  아직까지는 우주 행성에서 지구만이 유일하게 푸른 별로 알려져 있다.
  그 게 다 바다와 육지가 있기 때문이 아닐까

바다와 육지는 부부이다
바다와 육지는 한 몸이다.

섬진강

뇌출혈로 쓰러져 4년을 식물인간으로 숨만 할딱이다가
가족들에게 정도 사랑도 눈물도 다 거둬들이고
장맛비가 추적추적 내리던 여름날 오후
할딱이던 숨마져 멈춰 버린 처남댁
그녀가 먼저 간 곳 수유리 지나 벽계화장터
한 시간여 관 속에 편안히 누워 기다렸다가
드디어 8번 노爐에 들어간 지 한참만에
한 줄기 검은 연기로 굴뚝을 나와
허공을 맴돌며 헤매네

가족들, 한 줌 뼈가루만 항아리에 받아
그녀가 나고 자란 섬진강 가
그녀의 유언대로 조약돌 깔린 강물에
그녀의 하얀 뼛가루 날리니

구천九天을 헤매던 그녀가 어느 새 따라와
강물을 내려다 보며 강물 소리로 웃네
자꾸 자꾸 되돌아 와 깔깔대며 웃고 섰네.

산행

산은 그냥 있어 무언의 손짓으로 우리를 불러
그 넉넉한 깊은 품 속, 무엇이든 누구이든 구분하지 않아
새 소리 물 소리 바람 소리 숲속의 정적으로
세파에 물들고 지친 심신을 씻어 주고 어루 만져준다

숨을 삼키며 주체스런 몸뚱이를 짊어지고 오르는 힘든
등정登程
정상에 오르는 순간 등정의 노역은 사라지고
내려다 보는 정경은 마침내 장엄한 종교宗敎
마음은 갇혀 있는 육신을 나와 두둥실
구름이 되고 비상하는 새가 되고 하늘이 된다

머언 발치로 내려다 보이는 따개비 같은 인간 세상은
소꿉장난 하는 평화롭기만 한 한 폭의 그림
이 순간 누구나 현자가 되고 철인도 된다

하산 길

사람들 종종 걸음으로 산을 빠져 나가도

산은 그냥 그렇게 앉아 있을 뿐, 말이 없다

우물 안 개구리

　우리는 제각기 우물 하나씩 지니고 산다
　잘나고 똑똑한 사람일 수록 깊고 튼튼한 우물이다
　우물은 자신의 안식처이고 우주이며, 또한 자신을 가두는 감옥이기도 하다
　여간해서는 빠져 나오기 어려운 자신의 우물이지만
　그래서 드넓은 바깥 세상을 보기 힘든 우물이지만
　비바람, 눈보라, 천둥번개 티끌과 먼지 다 막아주는 우물이기도 하다
　하지만, 힘들게 우물벽을 타고 오르는 용기와 노력이 없이는
　결코, 드넓은 초원과 바람에 일렁이는 숲, 그리고 찬란한 무지개를 볼 수는 없다

친구를 보내며

아름다운 저녁노을을 보며
날마다 허전함을 나누던 친구
고운 낙엽 바람에 쓸리듯
먼저 떠난다는 말 한마디 없이
멀고 외로운 길을 호올로 떠났다
내 마음 한 쪽도 가지고 가버렸다
스잔한 바람 언덕을 넘는데
친구는 지금 어디메 있을까
그 다정한 눈매와 목소리 어디서 들을 수 있을까
이 사람 대식이, 잘 가시게
그리고 우리 또 만나세

배롱나무

무더운 여름 내내 지겹도록
꽃을 피우는 간지럽밥 나무
짓무른 여름 한 철을
고향마을 어귀를 지키고 서서
오가는 사람들 다정히 맞아주는 친구 같은 나무
초록세상을 이리도 선연한 붉음으로
타향살이 한 서린 가슴들을 다독여 주는
큰 누님 같은 나무

고향의 봄

바람 부는 냇가를 걷는다
버드나무 가지에 앉아 있는 작은 새가 외롭다
하늘은 낮고 훈풍이 불어온다
수액을 머금은 나무들 줄기가 뿌옇고
물섶 아래 물고기들도 움직임이 빨라졌다
이제 금방 구름 같은 꽃잔치가 시작되고
온 누리는 초록의 싱그러움으로 덮이겠지
나는 걸으며 한껏 고향 냄새에 취한다
아 ― 고향, 어릴 때 뛰놀던 저 언덕길
물고기잡아 어항 대신 검정 고무신에 살리던
그 코흘리개 친구들, 다 어디로 갔나
다시는 돌아갈 수 없는 시절아, 고향아

암세포

암세포가 창궐하여
기생하는 모체가 죽으면
암세포 자신도 마지막이 된다는 걸
암세포는 모르는 것 아닐까
알고서도 전이 되고 번지는 걸 보면
정말로 모르는 게 분명해
자기 목을 자기가 조르는 어리석은 놈

지구라는 거대 생명체에 들불처럼 번지는
암세포는 무엇?

아침 산책

여명 뒤에 솟아 오른 태양

갓 세수한 얼굴로 온 누리를 펼친다

나무들도 잠에서 깨어나 그림자 드리우고

물안개 피어나는 호숫가

맑은 물 일렁이는 물목엔

부지런한 철새들 유유히 날아와

그림자처럼 물안개 속을 걷는다

물밑을 엿보며 아침을 걷는다

기억의 저쪽(유년의 추억)

　푸른 강둑 내달리던 굴렁쇠와, 선연히 붉던 파랭이꽃
　실바람에도 파도치던 자운영꽃밭과 검정 고무신
　청보리밭 너머 어디선가 들려오는 뻐국새 울음
　시냇가 버드나무 섶 붕어 떼와 친구들과 물장구 치는 강변의 여름
　황금빛 들녘에서 불어오는 산들바람과 메뚜기 잡이
　오색으로 물든 감잎 단풍과 허공에 매달린 홍시
　노오란 단풍으로 물든 포풀러 가로수와 뽀오얀 신작로
　추수가 끝나 텅빈 들녘에 깔린 저녁 연기와 초가집
　깊어가는 겨울 흰 눈 덮힌 장독대와 추위에 떨고 섯는 감나무
　강가 외발 스케이트 타기와 얼음 지치기
　섣달 그믐 날 밤 설빔 새옷과 운동화 만지작거리며 잠 못 이루고
　정월 초하루 대소가가 모여 세배하고 차례 지내기
　양지바른 언덕에 기대어 멀리 멀리 연 날리기
　정월 대보름 내 더위 팔기와 찰밥에 부럼 먹기

보름달 뜨는 저녁 며칠 전부터 지은 달집 태우기 망우리
정월 가고 이월 영동 할머니 오시는 날
영동 할머니 뒤에 저 만큼 느리게 오고 있을 봄 맞이는
얼음장 위로 피어나는 보드라운 버들 강아지
북풍한설 추위 속에서도 봄의 숨결을 찾는다
가난해도 인정人情의 꽃이 피던 그 때 그 시절

맨발걷기

　내가 지구를 맛사지(massage) 하는 것인지
　지구가 나를 맛사지 해 주는 것인지
　발바닥이 따끔거린다, 조심스런 발걸음
　땅을 보고 살피며 걷는다
　작은 벌레들이 지나가고 작은 나비도
　꽃이 아닌 흙에 앉아 있다가 날아간다
　지렁이도 소풍을 나왔다가 햇볕에 어쩔 줄을 모르고
　잘 보이지도 않는 작은 개미들은 이사를 가는지 긴 행렬이다
　사람이 밟고 다니는 길에 이렇게 많은 생명들이 살고 있다니

　시원한 한줄기 바람이 분다
　나무들이 나에게 인사를 한다
　망초꽃 하얀 물결이 내 눈을 닦아주고
　허리만큼 자란 풀들이 춤을 춘다

힘차게 울어 제끼는 매미 소리는
내가 걷는 행진 나팔이다
따가운 여름 햇살과 뭉게구름이
나무 아래 시원한 그늘을 짙게 한다
원색의 계절, 맨발걷기 좋은 계절

추수가 끝나고, 소기용 作

제4부

망초꽃

무더위가 시작되는 6월이면
우리 땅 어디라도 꽃을 피우는 망초

휴전선 무명용사의 철모가 녹슬어 삭고 있는 산 기슭
부릅 뜬 눈으로 서로를 감시하는 DMZ철조망 지뢰밭
잡초만 무성한 임진강 가 어디라도
어디선가 진혼곡 나팔소리 은은하게 흐를 때
짓무르는 여름 내내 꽃대를 세워 하얀 소금밭이 된다

어느 시인의 말처럼 너는 그냥 꽃이 아닌 거야
꽃잎 되어 떨어져 간 무명용사의 혼백들인가
버려진 땅 외진 곳일 수록 지천으로 피어나
한줄기 바람에도 흰 물결로 출렁이고
무더운 여름 한 철 우리 산하山河를 덮는다

한라에서 백두까지
우리땅 어디라도 서리서리 물결을 이루어
우리 산하를 온통 흰빛으로 뒤덮는 꽃 망초꽃

문상 問喪

하루가 멀다하고 전화를 걸어
안부를 묻고 일상을 나누던 친구가
먼저 간다는 말 한 마디 없이
갑자기 외로운 길을 떠났다

하늘장례예식장 5호실
친구를 향해 큰절 두 번 하고
영정사진을 올려다보니 친구는 웃고 있었다
요즘은 믿는 사람이 많아
천당에 자리가 없다는데
아들 며느리 권유로 늙어서야
교회를 다닌다는 친구가 웃고 있는 걸 보니
아마도 천당엘 갔나보다

친구 부인은 초췌한 모습으로 넋이 나간 얼굴인데
상주인 두 아들은 활기차고 당당해 뵈고 밝은 표정이다
나의 선입견일까

민들레

보도불럭 가장자리 시멘트 틈을 비집고
뿌리 내린 민들레 한 그루
내내 목 마르다 촉촉한 봄비
기지개 켜고 꽃대를 세워
마침내 노오란 꽃 피우고
벌 나비도 부른다

이내 노란 꽃잎 떨구면
은백의 홀씨 훨훨 자유를 찾아 떠난다
바람따라 떠돌다가 햇볕 속에 노닐다가
가는 곳이 어디이든 다시 터전을 삼아
뿌리 내리고 다시 꽃 피울
새봄을 기다린다
민들레는 자유이고 그 자유는 영원하다

어머니와 아들

백발이 성성한 주름살 투성이의 아들
백수를 바라보는 어머니를 안고 밥을 먹인다
눈을 지긋이 감고 어머니는, 까마귀 새끼처럼
넙죽넙죽 잘도 받아 잡수신다
이번에는 운동을 시켜드린다
소나무 껍질 같은 손바닥으로 맛사지를 하고
팔다리 관절을 오므렸다 폈다 반복하고
가벼운 등 안마도 곁들인다
어머니나 아들이나 흔쾌한 표정이다
어머니가 잠드신 사이 기저귀를 갈아 드리고
경운기 몰고 밭에 갔다 와서는
뒷산에서 따 온 으름을 까서 씨를 발라
입에 넣어 드린다 "으름이여 엄니 만나제?"
어머니 귀에 대고 큰 소리로 외친다
어머니는 대답 대신에 고개만 주억거린다
 잠시후 어머니와 월동을 위해 장작패기에 땀을
흘리더니

가마솥에 물을 데워 큰 다라이에 어머니를 앉히고 목욕을 시켜 드린다
　"할아버지 어머니 봉양하시느라 힘들지 않으세요?" 리포터가 묻는다
　"아니여 난 지금이 젤 좋아"
　〈TV 인간극장 5부작 '어머니와 아들'〉
　드라마 아닌 드라마가 나를 울린다

생각해 보기

삶의 기쁨이란 역설적이게도 나의 존재가 유한有限하다는 자각에서 시작이 되는 것, 그리고

한 생을 사는 동안 수 없는 역경과 시련도 겪는것. 하지만

그러하므로 생의 진정한 의미를 느끼고 자아自我를 발견하며 인간다운 삶을 누릴 수 있는 것, 또한

생로병사生老病死의 굴레를 쓰고 살며, 결국은 사死라는 종착역이 기다리고 있기에 삶이 더욱 소중하며 애착을 갖게 되는 것

꿈

내 마음의 언덕에 나무를 심고
내 영혼의 뜰에 꽃을 심는 것

푸른 행성 지구

땅과 우리 몸은 다 주기율표 안에 있지
우리 모든 생명체 땅의 일부분이고
생명을 유지하는 모든 것 땅에서 나온다
빨주노초파남보 아름다운 꽃의 색깔도 땅 속에 있고
단맛 쓴맛 신맛 매운맛 짠맛 다 땅 속에서 나오고
생명을 살리는 신기한 성분도 죽이는 독毒도 흙속에 다 들어 있다
주린 배를 채우는 곡물穀物, 기름진 고기와 야채도
향그러운 온갖 과일 싱그러운 채소 등 모든 먹거리와
우리가 입는 옷, 사는 집까지도 다 흙 속에서 꺼내 쓰는 것
이 지구라는 행성 발 딛고 서 있는 이 대지에
뿌리내린 나무와 풀, 사람들이 이용하는 모든 도구
이 지상에 있는 모든 것 모두 한 판의 주기율표 모두 하나
바람 불고 비 오고 차가웠다 더웠다 햇볕과 어둠 속에

자연의 에너지(Energy) 작용에 따라 조건에 따라
 생명체가 되었다가 무생물로 변했다가 윤회輪回를 거듭하며
 푸른 행성 지구가 태양계의 빛나는 별이 되는 것
 모든 건 빛과 바람의 조화라지만,

고인돌과 돌담

  가까이는 우리 대를 이어주신 조상들의 숨결이 그 속에 숨어 있고
  식솔들을 거두려는 어미들의 한숨과 피땀이 돌 속에 배어 있고
  더 멀리는 종種의 기원으로부터 이어져 온 인류의 족적이 그 속에 잠들어 있고
  그리고 켜켜이 쌓여 있는 세월의 무게가 돌무더기를 누르고 있다
  호모 사피엔스 때부터

세월과 인연因緣

누구나 가슴을 쓸어주는 노래 하나씩 갖고 있다
울적한 날 창밖을 보며 그 노래 부르면
가슴에 끝없이 밀려오는 그리움의 파도
다시는 만날 수 없는 인연들 부모, 가족, 친구…
그리고 은막銀幕의 스타들과 흘러간 노래
까마득한 유년과 젊은 날의 아린 기억들…

노래는 추억이고 위로이고 신명인 것을

강과 바다

강물은 바다가 그리워 바다로 흐르지만
바다에 도달하면 강의 수명을 다하듯
생명이란 것도 결국 죽음이 그리움의 바다인 것
바다가 증발하여 구름이 되고 비가 되어 다시 강물이듯이
생명도 죽음의 바다인 흙이다가
바다가 증발하듯 어떤 에너지를 만나 변모를 거듭하면
다시 생명의 강으로 돌아올 수 있는 것
그래서 생명도 죽음이 그리움의 바다이고
강물이 쉬임 없이 흘러 그리움의 바다를 향하듯이
생명도 쉬임 없이 흘러 그리움의 고향 흙으로 돌아가는 것

친구의 귀가歸家

어쩌다 멧새 한 마리
나뭇가지에 앉아 엿보다 갈 뿐
고요가 이불처럼 덮힌 언덕에 누워 편안하게
자유와 평화를 만끽하고 있는 친구

옥수수 개떡

생 옥수수 으깨어 칡잎 따서 올리고
가마솥에 쪄 낸 옥수수 개떡
그 맛을 어찌 잊을 수 있을까

제비 주둥이 육남매 거두느라
당신은 많이 먹었다고 좋아하지 않는다고
거짓말쟁이 울 엄마

육남매 장성하고 살기도 좋은 세상에, 울 엄마
은빛 머리에 90도 꼬부랑 노친네 되어서도
잘 사는 육남매 걱정에 하루 해가 부족하다
더 계절이 가고 정신 줄이 희미해진 울 엄마
자식들 살기 바빠 혼자 사는 치매가 깊은 울 엄마
월 60만원 짜리 요양원 행, 어느날
요양원 부주의로 밖으로 나가 행불자가 되고

수인 광고, 동원수색 수소문 2년

주검도 찾을 길 없어 목메이는 데

어머니는 그 길로 걸어서 하늘로 오르셨을까

병상病床에서

아, 여명黎明이다
창밖 산등성이 노을처럼 붉게 물들어 오는 하늘
지하地下 깊은 곳의 축축한 어둠 같은 공포와 외로움 물러가고
이제 태양이 솟아 대명천지 모든 것 다시 살아나고
하얀 까운의 천사들이 바쁘게 돌아가는 병실의 일상이 된다

얼마나 지루하고 공포스런 긴긴 밤이었던가
산소酸素 마스크에 의탁한 가느다란 숨
저승으로 내려가는 절벽에서 서서
목에 핏줄이 서고 눈알이 튀어 나오는 듯한 바튼기침으로
밤을 지새우며 고통 속에도 고독孤獨이라는 친구와 늘 함께였지

온 세상에 어둠의 이불이 덮이고 단잠에 취해 꿈나라일 때

중환자들이 누워 있는 다인多人실에서는 이 때부터 온갖 소리가 밤의 정적을 깨고 울려 퍼진다

끙끙 앓는 신음 소리, 기침 소리, 뭔가 중얼거리는 독백, 훌쩍이는 소리 등…

진통제로도 잠 못 들고 뒤척이는 긴긴 터널 같은 밤이 죽음보다 더 두려웠다

죽는다는 것

개인의식에 갇혀 있다가 드넓은 우주의식으로 돌아가는 것

순간에서 영원으로 가는 것

흙에서 왔다가 흙으로 돌아가는 것

유有에서 유有가 되었다가 무無가 아닌 다시 유有가 되는 것

그저 옷을 바꾸어 입는 것

유有가 에너지 작용으로 생명 있는 유有가 되었다가 또 보이지 않는 에너지 간섭으로 다시 생명 없는 유有가 되는 것

시계추처럼 왔다갔다 하는 것, 반복을 위한 것, 반복의 과정인 것

　그래서 생명은 영원할 수 있는 것

　이런 반복의 수법으로 꽃도 나무도 사람도 동물도 영원할 수 있는 것

　중생대의 공룡이 언젠가 다시 올 수도 있다는 것

헬레나*

기저귀 차고 복복 기어다니던 헬레나
너무 앙징스럽고 귀여워 안아주고
볼에 뽀뽀도 많이 해주었는데
어느 날 우연이 갑자기 중늙은 이 아줌마가
나에게 다가와 옛날 옛적 헬레나라며 인사를 한다
누구신가, 문이 동생 헬레나? 아하 그 그래요?
세월이란 놈, 장난이 너무 심하군
순식간에 이렇게 귀엽던 아이를 중늙은 이로 바꾸어 놓다니

* 헬레나 : 55년만에 만난 친구 여동생의 세례명

제5부

정원, 소기용 作

가을 스케치

늦가을을 적시는 비가 내린다
유리창이 빗물에 씻기우 듯
산과 들을 투명하게 닦아 준다
바람에 쓸려가는 낙엽들
추적이는 빗물에 젖어
포도 위에 모자이크 장식이 된다
가로수 하나 둘 옷을 벗고 맨몸으로 서서
하얀 겨울을 떠올리며 명상에 잠긴다

이제 곧 안식의 겨울
스잔한 바람이 거리를 휩쓸어도
사람들 옷깃을 여미며 종종 걸음
가족이 기다리는 집을 향해 귀가를 서두르는
겨울이어서 더 따뜻한 계절이 되겠지

포풀러

봉선등 언덕에 서 있는 아름드리 포풀러
실바람에도 무수한 잎 반짝이며
거대한 몸을 뒤채인다

봄이면 연록색 여린 잎이 하늘을 덮어
점차 검녹색으로 변해갈 때 쯤이면
원색의 여름,
태양은 뜨거워져 짙은 그늘 드리우고
폭포처럼 쏟아지는 땡볕과 쩌렁 쩌렁 매미소리
짙은 그늘에 쉬임없이 흩어진다

가을이 깊어지면 샛노란 단풍
무수히 팔랑이며 낙하하는 작은 잎들
땅 위에 보료를 깔아 봉선등은 노오란 언덕이 된다

겨울이면 푸른 하늘을 향해 팔 벌린 수 많은 가지들
삭풍이 핥고 지날 때마다 하늘을 채질하고
거대한 검은 몸통은 묵언수행에 든 지 오래다
찬란한 새봄을 기다리며.

철새

드넓은 창공 바람만이 흐르는 그 창공에
철새들의 날갯짓이 없다면 얼마나 허전할까
삭풍朔風이 지나는 겨울의 빈 하늘
철새들의 따스한 체온이 없다면 얼마나 더 추울까

곱게 물든 석양 하늘을 나는 저 새들
하늘 바다를 건너 어드메 쉴 곳 찾아
날갯짓으로 길을 가고 있는 걸까
저 새들도 길을 잃고 헤멘 적이 있는 걸까

세상에서 가장 그리운 이름 어머니

어머니 떠나신지 30년
꿈 속에서라도 오매불망 보고 싶지만
불효가 깊어선지 뵈올 길 없어
나도 죽어 유명幽冥의 세상이라면
그 땐 마음 놓고 뵈올 수 있을까
목놓아 가슴으로 부르는 이름 어머니, 어머니

윤회輪廻

우리는 너나 없이 셀프(slef)라는 거푸집에
달라 붙어 몸부림하는 허접한 존재
순간순간이 지나면 언제인가
해체되고 분해될 에너지 집합체
모든 건 시간이란 놈이 해결사다

태어나 살다가 숨울 멈추년 천당과 지옥이 아니라
태어나기 이전의 자리로 되돌아가는 것
시간과 에너지가 또 거푸집을 만들고
준비된 전구에 불이 켜지듯
또다시 생명이라는 신비로 올 수도 있는 것

이 우주의 수 많은 반짝이는 별
태양계, 은하계, 다른 성군星群의 별자리도
억겁의 시간이란 놈의 손아귀에서 벗어날 수 없어
생멸生滅을 반복하는 것, 나고 자라고 죽느 것

순간을 사는 생명체도 멸滅이 있기에

영생永生할 수 있는 것

당산나무

인종忍從으로 스스로를 다지며
무심의 세월을 딛고 거목으로 우뚝 솟아
넓은 그늘, 시원한 바람 드리우고
하늘 날다 지친 새, 길 가던 길손, 일 하다 지친 몸
암탉이 병아리 품듯 품어주는 나무

마을을 지켜주는 수호신으로 해마다
색깔 있는 천을 두르고 울력을 해주면
듬직한 모습으로 마을을 지켜 망을 보고
푸른 잎 실가지가 시원하게 눈을 닦아주는 나무
마을의 전설이 주저리주저리 열리는 나무 당산나무

전화

　얼마 전에 교통사고로 세상 떠난 친한 친구의 전화번호를 미처 지우지 못했다, 죽었다고 바로 지우는 것이, 죽은 친구지만 어쩐지 미안해서였다
　어느 가을비 추적이는 늦은 밤, 뜻밖에 신호음이 울려 폰을 열었는데 죽은 친구였다. 죽은 놈이 전화할 리는 없고 친구의 가족 중 누구일까 생각하면서도 섬뜩한 마음으로 전화를 받았는데…
　"여보세요?"
　"아유 안녕하세요, 죄송해요 ○○○ 안 사람이에요. 애들 아버지 폰의 전화부를 보다가 잘못 텃치가 되어 깜짝 놀라 끊었는데 받으셨군요 정말 죄송해요"
　통화가 끝나고 전화번호를 지우고 친구를 보냈다

성남이 성兄님

거짓말을 절대 못 하시는 분

불가피하게 선의의 거짓말이라도 할라치면 얼굴이 홍당무가 되며 이쪽 저 쪽 눈치를 보는 분

아는 분이 불쑥 나타나 돈을 꾸어 달래도 딱부러지게 거절을 못하시는 분

주고 받는 대화 중에 할 말이 없어지면 보조를 맞춰 주려고 사돈네 팔촌까지 끌어 들여 이야기를 만들어 청산유수로 장단을 맞춰 주시는 분

상대방, 그것이 여럿일지라도 어려움을 당하는 걸 보면 절대로 못본체 할 수 없는 분

젊은 시절, 술이 그리 세지도 못하면서 주위 권유로 5차까지 술을 마시고, 집앞 고추밭 고랑이 안방인 줄 알고 주무시다가 모기들이 생일잔치를 벌이게 하신 분

군부독재 시절 80년 5월, 후배들을 돕는 마음으로 마이크 한 번 잡았다가 폭도로 몰려 끌려가 군화발에 깨구락지*가 되신 분

코를 톡 쏘는 삭힌 홍어와 막걸리를 좋아하시는 분

* 깨구락지 : 개구리의 전라도 방언

둔산공원

　둔산공원엔 여러 종류의 나무들이 모여 산다
　서로 키와 맵시를 자랑하며 하늘을 향하여 손을 들고 서 있다

　봄이 오면 꽃과 연초록의 축제
　노오란 개나리의 화사한 웃음과
　순백의 등불을 밝히는 하이얀 목련
　꽃보다도 먼저 연한 수채화 물감으로 붓질을 하는 수양버들을 시작으로
　녹색의 향연이 시작된다
　여름엔 짙은 음영으로 공원을 찾는 뭇 사람들의 쉼터가 되는 나무들
　으젓한 느티나무와 서어나무
　언제나 푸른 하늘을 이고 있는 상수리나무와 플라터너스
　영국신사 같은 메타세콰이어나무와 전나무

봄이 깊어지면 눈 내리듯 하얀 꽃을 피우는 이팝나무와 산딸나무
　껍질이 용의 비늘같이 용틀임을 한 아름드리 소나무
　여름에도 단풍이 드는 홍단풍나무
　가을이 오면 황금색 보료를 갈아주는 은행나무

　둔산공원에는 조그만 습지濕地도 있다
　온통 갈대가 우거진 습지에는 논병아리 해오라기 청둥오리가
　지나는 사람들의 눈치를 보며 먹이를 찾고
　겨울이면 수 천㎞를 날아 온다는 귀한 손님 큰 고니나 백로도 어쩌다 들러 간다
　사람들 북적이는 공원이 아니라면 더 많은 새들이 찾을 텐데
　가끔 인기척에 날으는 걸 보면 안타깝다

강아지와 산책하는 사람들
　공원 둘레 따라 걷기하는 사람들
　파크골프 하느라 분주한 사람들
　나무 그늘 벤취에 앉아 담소하는 사람들
　자전거 타며 웃고 떠드는 아이들
　팔각정 기둥에 몸을 기대고 먼 하늘을 보며
　고국의 가족들을 생각하는 피부색이 다른 외국인
노동자들
　그리 크지도 않는 공원은 많은 것들을 품어준다

소나무

울울창창 소나무 숲
용틀임으로 굽었어도 곧기만한 아름드리 소나무
장구한 세월 숲의 정적을 지키며
늘 푸른 모습으로 지조志操와 의리義理의 표상表象이 된다
하늘을 덮고 있는 부드러운 듯 따가운 침엽針葉
솔바람에도 고요히 일렁이며 하늘을 경배敬拜한다
못다 핀 구절초 한 송이도 스치는 바람에 몸을 맡긴다

자유

세상의 모든 인연因緣
이에 순응順應하고
그 인연을 다 누릴 수 있다면
그것은 곧 자유自由

봄을 기다리며

지난 밤 내린 비
하늘을 닦아
흰구름 인 먼 산
스카이라인을 지운다
바람은 훈풍
나뭇가지 간지러워
꽃구름, 잎새구름 몰고 오겠지

사랑과 사랑하다

"믿음, 소망, 사랑 그 중에 제일은 사랑이라"
셋 중에 사랑이 제일 크다는 뜻? 아님
제일 중요하다는 뜻? 그도 아니면
제일 먼저 행하라는 뜻? 이것도 아니라면
사랑을 가지고 설명하지만 말고 스스로 실천하며
보여줄 때 사랑이라는 뜻?

행복 - 어머니 생각

세상에서 제일 그리운 존재 어머니를 만날 수는 없지만

사진으로나마 추억할 수 있고

어쩌다 운 좋으면 꿈속에서 뵈올 수도 있으니

난 행복하다

당신 몸 일부를 떼어내 생명을 주시고

지금까지 생명으로 살아가도록 키워내 주신 어머니

30여년 전 날 두고 떠나셨지만

그 따스한 품과 은혜는 아직도 내곁에 남아

내가 넘어지지 않도록 항상 나를 붙들어 주신다

불러 보고픈 어머니

노을, 소기용 作

평설

연蓮, 소기용 作

| 발문 |

절절한 정한을 극복하고 정밀靜謐에 다다른 서정시
― 소기용 시인의 시는 서사와 서정이 융합하는 서정시의 절형이다

소 재 호
시인, 문학평론가, 전 전북예총회장

　　내용이 끝나는 것에서 시작되는 것, 황금어의 피안에, 도시 성곽의 외부에, 토론자 형자形姿를 뒤로 하고 사고 체제를 벗어나서 신비로운 장미는 개화한다. 서릿발의 열기 속에, 도배지의 희미한 무늬 속에, 제단 위의 뒷벽 위에, 피어나지 않는 불꽃 속에 시는 존재한다.

　　M 아아놀드의 말이다. 짧은 문장 속에 함유되는 의미는 광대무변廣大無邊이다. 글 속에 구사되고 있는 테크닉은 또

한 어떠한가? 온갖 패러독스며, 아이러니며, 은유 및 상징이며, 대칭적 구조며, 형상화로 건너가는 절묘한 수단이며, 산문이되 시적 결기까지를 갖춘 진기한 말이다. 이런 수단이 잠입하여 한 송이 연꽃처럼 하늘 닿게 진면목을 들어내는 것이 바로 시라는 뜻이다.

시는 일반적 언어 조합이 아니며 일상의 평범한 화법도 아니며, 보여지지 않으면서도 은근히 들어나는 진리이거나, 숨겨져 있으되 언뜻언뜻 내비치는 진실일 터이다. 그러나 그 참모습은 시인의 혜안에 의해 비로소 눈떠서 스스로 살아나오는 영혼의 현현顯現인 것이다. 현실·현상의 모습이 잠재의식에 침잠해 있다가 판타지의 세계를 열며 재창조의 결정을 보이는 것이다.

이상 세계인 듯 구현되는 또 다른 한 세상의 떠오름을 우리는 경의의 눈으로 보게 된다.

장엄한 무엇이 끝난 뒤 텅빈 무대 위의 잔상처럼, 아니, 그 장엄한 현상이 일어나기 전 절대의 고요 같은 것, 지구 끝자락 지피는 오로라처럼 영감으로 떠오른다. 태양이 동녘에 떠오르기전 청자빛 먼동처럼, 그 먼동은 장차 우주에 신비로운 빛을 끼치고, 장차 모든 자연의 생명의 숨결을 이끌어내며, 장차 바다의 억만 굽이 파도가 굽이치게 하며, 장차 대륙의 산맥 준령들은 해원으로 줄달음치게 할

양으로 하늘은 쑥빛으로 서서히 펼쳐지는 것이다.

 '한 편의 시는 한 채의 신전이나 다름 아니다'라는 보오들레르의 경구를 상기하노라면 시의 경지가 얼마나 지고한 지를 알 수 있을 것이다. 시의 발상은 우주에 근원해야 하고, 과거와 현재를 관통하며 미래를 예견해야 하고 자기 의식안에 갇힌 편벽된 의식이나 사고에서 떠나야 함은 두말할 나위가 없다. '우주'란 말을 가장 많이 운위하는 사람은 천체 물리학자와 시인이라는 통계가 있다. 우주를 끌어다 놓지 않고는 시인의 삼세관(전승, 이승, 저승)을 논할 수 없는 것이다. 한 송이 들꽃의 개화에서 우주적 신비를 읽기도 해야 할 터이다.

 도배지 속에 현재의 실감을 묻지 않고는 은은하게 내비치는 무늬를 감지할 수 없을 것이다. 이승의 만가지 사상事象을 통시관으로 조망하면 문득 제행무상, 문득 초자연, 문득 무위자연이나 무아의 경지에 도달할 것이다. 염세관에 함몰되어 퇴폐적 정서로 추락하는 것은 결코 아니고, 미・추, 선・악, 진・사 등을 넘나들고, 시・공을 넘나들고, 생・사까지 넘나드는 그런 경지를 보들레르는 또 '교응交應의 미학'이라 정의한다. 그때에 신비로운 형상의 장미가 피어나는 것이다. 그 장미는 우리들 일상의 정원에서 보는 그런 장미가 아니라, 매우 승화된 베아뜨리체 정원의 장미쯤 되리라.

필자는 시의 구조를 대체로 다음과 같이 도해해 보았다.

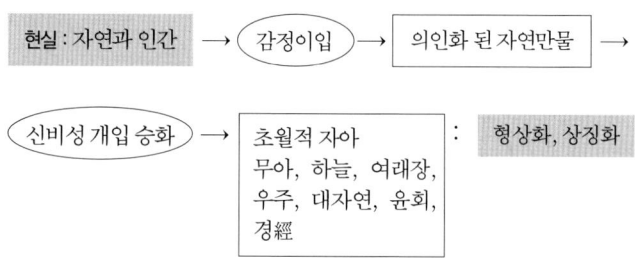

이런 구도이다. 모든 시가 그렇다는 것은 아니고 대체로 이러한 모형을 갖춘다.

이러한 시의 구조론에 입각하여 소기용 시인의 시를 대입해보면 너무나 일치하는 모습을 발견하게 된다. 소기용 시인은 사물에 접응하며 바로 감정이입感情移入의 단계를 밟아 감성적 의인화의 다음 단계로 나아간다. 그리고 시의 큰 미래 세계에 돌입한다. 이상적 우주관에 귀의하고 있음도 이내 발견된다.

소기용 시인은 필자와 유년 시절 이래로 오늘에 이르기까지 한 운명의 범주 안에서 한 시대를 살아온 시인이다. 친구이며, 어릴 적 동무이며, 영혼의 동반자이다. 그의 조부님은 한학에 깊이 천착하신 한학자이셨고, 그의 선친은

한 시대를 풍미한 선각자이셨다. 선대에서 유전된 바, 그의 의연한 성품이나, 인문학적 삶의 지향은 이 시대 마지막 선비 풍모로 인생 여정을 무늬했다. 서예와 서양화로 노년에 당하여서도 예술 지상주의의 삶을 누린다. 젊은 시절, 아니 한생 동안, 고등학교 국어교사로 모국어를 숭상하며 언어 예술을 갈고 닦았으며 마침내 언령言靈의 숲에서 정갈하게 시를 경작하는 중이다. 그는 이 땅을 지진으로 흔들던 수많은 파란만장도 감내했다. 우리의 한 세기는 고통과 시련의 시기인 동시에, 근·현대의 문화 문명과 민주주의가 개화하는 시 이기도 했으며 그 험난한 이랑을 힘들게 굽이쳐 온 운명의 시기였다. 소기용 시인이 겪은 인생의 파고도 높을 수 밖에 없었다. 그것은 오롯이 시적 실감으로 변주되기도 했다. 6·25를 비롯하여, 혁명이란 이름으로 소용돌이치던 여러 변란이며, 광주 5·18 민주화 혁명의 격랑, 그 참화의 참절 비절함을 직접 체험하였으며, 경악하였고, 살 떨리는 전율도 맛보았던 것이다. 그쯤의 고난의 세월을 지내와 오늘에 붓을 들어 시를 피로 적었다. 피는 돌팍에 스며 천년을 바래지 않을 것이다. 선죽교 돌팍의 피, 광주 금남로 아스팔트의 피, 그리고 그 피가 모란으로 솟아 피빛 향기를 쏟는다는, 전설을 그는 오독奧讀하고 있는 것이다. 피의 함성이 침묵하고, 다시 고요가 되는 현장에서 한 역사의 증인이 된 시인은, 이제는 밤 하늘 은하를 읽는 중이다. 저 「오월의 모란」을 보자. T.S. 엘리옷의 잔인한 사월보다 더 잔인한 한국의 잔인한 오월을 보자.

    푸른 오월 햇볕 쏟아지는 광장에
    뜨거운 함성이 드높던 날
    봉선등 화원엔 모란이 피었습니다
    설한풍에 홀로 서서 꽃눈을 만들더니
    마침내 핏빛 꽃잎을 열었습니다

    거리엔 자욱한 안개
    하얀 포 덮어도 덮어도 배어 나오는
    붉은 핏빛 향기
    오월을 끌어다 놓고 꽃은 피는 것이니
    본래 설원에서 눈발 털며
    환하게 모란꽃은 오는 것입니다

    사람들 모두 떠나고
    금남로 보도블럭에 핀 자줏빛 모란
    그 빛 노을까지 삭아

꿈결에서나 들려오던 오월의 노래도

이제 잊혀져 여운만 남았습니다

그러나 선죽교 돌팍에 새긴

그 꽃무늬의 숨결처럼

어둔 세상 머언 기억 속에서

모란은 해마다 다시 피어나고

거리마다 그 향기 남아 있을 줄이야

꽃이 진다고 그냥 시드는 건 아닙니다

역사의 갈피에 숨결로 스미여

우련히 먼동처럼 그 시대를 밝혀주고

붉은 모란은 또 다시

거리거리마다 피어나는 것입니다

―「오월의 모란」 전문

  한편 시를 쓰는 사람에게 경종으로 주는 랭보의 주문이 있다. 견자見者의 논법인데, 사물을 깊이 보고 천착하며, 사물의 뒷면과 내면을 살핀 뒤 그가 거느린 영성, 보이지 않는 온갖 판타지를 보라는, 이쯤 되는 주문이다.

135

소기용의 시를 감상하노라면 저 파란 만장한 민족의 가파른 정한을 극복하고 드디어 평원에 나와 나직 나직 영혼의 숨결을 띄운다. 왈칵 허무하기도 하고, 문득 초연의 경지에서 멀리 지평선을 굽이치는 바람결을 만나기도 하고, 무위자연無爲自然의 '스스로 그러한 대로'의 경지에서 담담한 그의 심경을 설파하기도 한다. 시의 절절함에 스민 고차원의 시혼을 만나 보자.

'한 생의 봄/ 지난 수십 번의 꽃잔치는/ 아득한 기억의 저편에 누워' '또 다른 새봄을 기다리고/ 망각의 늪으로 사라지는 것' '오랫동안 주이 모든 생각의 찌꺼기/ 아무리 마음의 정수를 끌어낸다 해도 그저 공허하기만 한 티끌 무더기/' '그대 놀다란 자리/ 지금도 비어 있어요' '그대 앉아 쉬던 나무 밑 벤치엔/ 먼산 빼꾹새 소리도 앉았다 가고요' '고요와 정적이란 놈들은 늘 찾아 와요' '이 세상 모나고 위험한 것, 더러운 것, 눈을 어지럽히는 현란한 색깔들 모두모두/ 순백의 이불로 두텁게 두텁게 덮어버렸으면' '그냥 목메이고, 향수 어린 언어들 차창으로 흩날리면' '모든 주검들/ 한생의 황량한 벌판을 달리다가/ 마지막 잔인한 고비를 넘고서야' 예를 뽑아 내면 넘치고 넘친다.
잠재의식 속에 침잠해 있던 실감들은 랭보의 견자見者의

화법대로 형상화 단계를 거쳐 무위자연으로 가거나 광의의 하늘로 가서 이상태理想態로 바꾸거나, 초연의 경지, 여래장의 경지, 또는 시·공이 한 곳에 머무는 고요 속으로 나아가는 고도의 승화에 다다른다. 또는 영원을 관통하는 윤회를 설정하여 삼세관의 우주관을 보이기도 한다.

 소기용 시인의 시에서 그런 많은 예를 찾아볼 수 있다.

 '순간에서 영원으로 회귀하고 마는 것' '고요와–정적靜寂 이란 놈들은 늘 찾아와요' '정적의 광장에 뿌려지고 있었다' '허공에 존재를 세운다' '머나먼 서방정토 물 맑은 산천/ 서리서리 들꽃 피는 선산발치 하늘가' '그대는/ 기억의 저편 언덕에 피는 라일락 향기였고' '온갖 생명도 품었나니/ 무한한 우주 억겁의 세월' '숲에 어둠이 내리면, 숨 쉬는 정적/ 숲은 잠들어도 잠자지 않고' '순간을 사는 생명체도 멸이 있기에/ 영생할 수 있는 것' '어머니는 그 길로 걸어서 하늘로 오르셨을까' '민들레는 자유이고 영원이다' '중생대의 공룡이 언젠가 다시 올 수도 있다는 것'

 언뜻언뜻 시인의 사상과 철리哲理가 내비치는 시구들이 즐비하다. 그의 시는 폭 넓은 인생 경륜과 자연 속으로 하염없이 회귀하는 사념이 시의 의미적 요소로 내밀하게 정치精緻해 있다.

마지막으로 S.존슨이란 시인의 시에 대한 정의를 인용하며 필자의 옹졸한 글의 종결을 서둔다.

시란 이성의 조력에 상상력을 동원하여 진리와 즐거움을 결합시키는 예술이다. 시의 본질은 발견이다. 예기치 않는 것을 산출함으로써 경이와 환희 같은 것을 발견하는 것이다. 그리하여 감동으로의 전주이다.

여기에 소기용 시인의 시는 전적으로 부합하므로 필자는 그의 시 편편에 찬사를 얹는다.

기억의 저쪽

소기용

소기용 시집

기억記憶의 저 쪽

인쇄 2024년 9월 25일
발행 2024년 9월 30일

지은이 소기용
발행인 서정환
펴낸곳 신아출판사
주소 전북특별자치도 전주시 완산구 공북1길 16
전화 (063) 275-4000
팩스 (063) 274-3131
이메일 sina321@hanmail.net
출판등록 제465-1984-000004호
인쇄 · 제본 신아문예사

저작권자 ⓒ 2024, 소기용
이 책의 저작권은 저자에게 있습니다. 서면에 의한 저자의 허락없이 내용의 일부를
인용하거나 발췌하는 것을 금합니다.
COPYRIGHT ⓒ 2024, by Sogiyong
All right reserved including the rights of reproduction in whole or un part un any form.
저자와 협의, 인지는 생략합니다.
잘못된 책은 바꿔 드립니다.

ISBN 979-11-94198-48-2   03810

값 13,000원